SWU-800-018

Das Deutsche Heer des Kaiserreiches zur Jahrhundertwende 1871-1918
band 3

LUCA STEFANO CRISTINI
ILLUSTRATIONEN VON R. KNOTEL

Deutsche & English text

SOLDIERSHOP PUBLISHING

AUTHORS

Richard Knötel (January 12, 1857 – April 26, 1914) was one of the most important German artist and pioneer of the study of military uniform. was born in Glogau in 1857. His father, August Knötel, was an art teacher and gave him lessons in drawing and painting from an early age. In this time, Knötel developed an interest in military fashion and history. By late adolescence, he was already employed as an illustrator for the graphics-based newspaper; Illustrierte Zeitung, as well as for postcards and magazines. In 1880, with an established reputation, Knötel was entered into the Berlin Academy of Fine Arts. After his studies, he began collecting books concerning European military history (it is believed that by his death he owned over 9000 titles), and began work on his most famous piece; Uniformenkunde, a huge collection of plates concerning the armies of Europe from the 17th century to 1914. Uniformenkunde is still perhaps the most widely referenced piece of work the study of military attire of the early modern era, and is still used as a source today. As well as an illustrator, Knötel was a talented painter, who was renowned throughout Germany for his military subjects. He died in Berlin in 1914, and is buried in Saint Matthew's Cemetery in the city.

Luca Stefano Cristini born 21 May 1958 in Bergamo (North Italy) It is the author of several titles in Soldiershop series.

PUBLISHING'S NOTE

None of **unpublished** images or text of our book may be reproduced in any format without the expressed written permission of Soldiershop.com when not indicate as marked with license creative commons 3.0 or 4.0. The publisher remains to disposition of the possible having right for all the doubtful sources images or not identifies. Our trademark: Soldiershop Publishing ©, The names of our series: Soldiers&Weapons, Battlefield, War in colour, PaperSoldiers, Soldiershop e-book etc. are herein © by Soldiershop.com.

NOTE ABOUT BOOK PRINTING BEFORE 1925

This book may contain text or images coming from a reproduction of a book published before 1925 (over seventy years ago). No effort has been made to modernize or standardize the spelling used in the original text, so this book may have occasional imperfections such as missing or blurred pages, poor pictures, errant marks, etc. that were either part of the original artifact, or were introduced by the scanning process. We believe this work is culturally important, and despite the imperfections, have elected to bring it back into print (digital and/or paper) as part of our continuing commitment to the preservation of printed works worldwide. We appreciate your understanding of the imperfections in the preservation process, and hope you enjoy this valuable book. Now this book is purpose re-built and is proof-read and re-type set from the original to provide an outstanding experience of reflowing text, also for an ebook reader. However Soldiershop publishing added, enriched, revised and overhauled the text, images, etc. of the cover and the book. Therefore, the job is now to all intents and purposes a derivative work, and the added, new and original parts of the book are the copyright of Soldiershop. On this second unpublished part of the book none of images or text may be reproduced in any format without the expressed written permission of Soldiershop. Almost many of the images of our books and prints are taken from original first edition prints or books that are no longer in copyright and are therefore public domain. We have been a specialized bookstore for a long time so we (and several friends antiquarian booksellers) have readily available a lot of ancient, historical and illustrated books not in copyright. Each of our prints, art designs or illustrations is either our own creation, or a fully digitally restoration by our computer artists, or non copyrighted images. All of our prints are "tagged" with a registered digital copyright. Soldiershop remains to disposition of the possible having right for all the doubtful sources images or not identifies.

LICENSES COMMONS

This book may utilize material marked with license creative commons 3.0 or 4.0 (CC BY 4.0), (CC BY-ND 4.0), (CC BY-SA 4.0) or (CC0 1.0). We give appropriate attribution credit and indicate if change were made below in the acknowledgements field.

ACKNOWLEDGEMENTS

A Special Thanks to NYPL and other institutions for their kindly permission to use some images of his archives, collections or books used in our book.

Title: **DAS DEUTSCHE HEER DES KAISERREICHES ZUR JAHRHUNDERTWENDE 18171-1918 - BAND 3**
By Luca S. Cristini. Plates by Richard Knötel. First edition by Soldiershop. April 2020
Cover & Art Design: Luca S. Cristini. ISBN code: 978-88-93275705
Published by Luca Cristini Editore, via Orio 35/4- 24050 Zanica (BG) ITALY. www.soldiershop.com

DAS DEUTSCHE HEER DES KAISERREICHES ZUR JAHRHUNDERTWENDE 1871-1918

BAND 3

IX, X, XI, XII UND XIII ARMEE-KORPS

LUCA STEFANO CRISTINI
ILLUSTRATIONEN VON R. KNÖTEL

*

SWU-800-018

Friedrich 3, mit vollem Namen Friedrich Wilhelm Nikolaus Karl von Preußen 1831-1888. Gemälde von Heinrich von Angeli

DEUTSCHES HEER (DEUTSCHES KAISERREICH)

Deutsches Heer war die offizielle Bezeichnung der Landstreitkräfte des Deutschen Kaiserreiches von 1871 bis 1918. Die Verfassung des Deutschen Reiches verwendet daneben noch den Begriff „Reichsheer" in Anlehnung an das Bundesheer des Norddeutschen Bundes.

Oberbefehlshaber des Deutschen Heeres war der Kaiser. Die Truppenkontingente der deutschen Bundesstaaten standen aufgrund von Militärkonventionen unter preußischem Kommando oder waren ins preußische Heer eingegliedert. Ausnahmen waren die Heere der Königreiche Bayern, Sachsen und Württemberg. Diese Staaten hatten sich beim Beitritt zum Norddeutschen Bund sogenannte Reservatrechte ausgehandelt oder entsprechende Regelungen mit Preußen vereinbart. Das bayerische, sächsische und das württembergische Heer stand im Frieden unter dem Befehl seines jeweiligen Landesherren. Ihre Verwaltung unterstand eigenen Kriegsministerien. Das sächsische und das württembergische Heer bildeten jeweils ein in sich geschlossenes Armeekorps innerhalb des deutschen Heeres. Das bayerische Heer stellte drei eigene Armeekorps und stand bei der Nummerierung der Truppenteile außerhalb der Zählung des restlichen Heeres. Die Kontingente der kleineren deutschen Staaten bildeten in der Regel geschlossene Verbände innerhalb des preußischen Heeres. Württemberg stellte zu Ausbildungszwecken Offiziere zum preußischen Heer ab. Lediglich Bayern verfügte neben Preußen über eine eigene Kriegsakademie. Die Trennung nach Herkunftsstaaten wurde unter den Notwendigkeiten des Ersten Weltkrieges zwar gelockert, aber nicht aufgegeben.

Der Kaiser hatte auch im Frieden das Recht, die Präsenzstärke festzulegen, die Garnisonen zu bestimmen, Festungen anzulegen und für einheitliche Organisation und Formation, Bewaffnung und Kommando sowie Ausbildung der Mannschaften und Qualifikation der Offiziere zu sorgen. Das Militärbudget wurde durch die Parlamente der einzelnen Bundesstaaten festgelegt. Als Streitkräfte außerhalb des Heeres standen die Schutztruppen der deutschen Kolonien und Schutzgebiete und die Marine einschließlich ihrer drei Seebataillone unter direktem Oberbefehl des Kaisers und der Verwaltung des Reichs.

The Imperial German Army (German: Deutsches Heer) was the unified ground and air force of the German Empire (excluding the maritime aviation formations of the Imperial German Navy). The term Deutsches Heer is also used for the modern German Army, the land component of the Bundeswehr. The German Army was formed after the unification of Germany under Prussian leadership in 1871 and dissolved in 1919, after the defeat of the German Empire in World War I. The states that made up the German Empire contributed their armies; within the German Confederation, formed after the Napoleonic Wars, each state was responsible for maintaining certain units to be put at the disposal of the Confederation in case of conflict. When operating together, the units were known as the Federal Army (Bundesheer). The Federal Army system functioned during various conflicts of the 19th century, such as the First Schleswig War from 1848–50 but by the time of the Second Schleswig War of 1864, tension had grown between the main powers of the confederation, the Austrian Empire and the Kingdom of Prussia and the German Confederation was dissolved after the Austro-Prussian War of 1866. Prussia formed the North German Confederation and the treaty provided for the maintenance of a Federal Army and a Federal Navy (Bundesmarine or Bundeskriegsmarine). Further laws on military duty also used these terms.[2] Conventions (some later amended) were entered into between the North German Confederation and its member states, subordinating their armies to the Prussian army in time of war, and giving the Prussian Army control over training, doctrine and equipment. Shortly after the outbreak of the Franco-Prussian War in 1870, the North German Confederation also entered into conventions on military matters with states that were not members of the confederation, namely Bavaria, Württemberg, and Baden.[b] Through these conventions and the 1871 Constitution of the German Empire, an Army of the Realm (Reichsheer) was created. The contingents of the Bavarian, Saxon and Württemberg kingdoms remained semi-autonomous, while the Prussian Army assumed almost total control over the armies of the other states of the Empire. The Constitution of the German Empire, dated April 16, 1871, changed references in the North German Constitution from Federal Army to either Army of the Realm (Reichsheer) or German Army (Deutsches Heer).

INHALT

*

Deutsches Heer (Deutsches Kaiserreich) 5

Dienstgrade des Deutschen Heeres 7

TAFELBAND

IX Armee-Korps (Preussen) 13

X Armee-Korps (Preussen) 31

XI Armee-Korps (Preussen) 47

XII Armee-Korps (I. Königlich Sächsisches) 61

XIII Armee-Korps (Königlich Württembergisches) 77

DIENSTGRADE DES DEUTSCHEN HEERES

DIE DIENSTGRADGRUPPEN

Im Deutschen Heer gab es sechs Dienstgradgruppen:
Mannschaften (Gemeine)
Unteroffiziere (mit und ohne Portepee)
Subalternoffiziere,
Hauptleute,
Stabsoffiziere und
Generale.

Die Dienstgrade der preußischen Armee bildeten die Grundlage für die Dienstgrade des Deutschen Heeres bis zur heutigen Bundeswehr.

Fußtruppen	Kavallerie	Artillerie	Beschreibung
Mannschaften			
Grenadier, Füsilier, Jäger, Musketier, Gardist, Infanterist, Soldat, Pionier	Dragoner, Husar, Jäger, Kürassier, Ulan, Reiter, Chevauleger	Kanonier, Fahrer	Keine Befehlsgewalt. Der dienstgradlose Soldat wurde auch *Gemeiner* genannt.
Gefreiter	Gefreiter	Gefreiter	Der Gefreite war der Stellvertreter des Korporals.
nicht vorhanden	nicht vorhanden	Obergefreiter / Bombardier	Der Obergefreite ersetzte in der preußischen Fußartillerie 1859 die Unteroffizierscharge *Bombardier*. Beide Ränge zeichneten gewöhnlich die Richtschützen aus.
Unteroffiziere ohne Portepee			
Unteroffizier / Korporal	Unteroffizier / Korporal	Unteroffizier / Korporal	Der Korporal (ab 1856 *Unteroffizier*) kommandierte eine bis zu 30 Mann starke „Korporalschaft". Drei pro Kompanie. Bei den Jägern hieß der Unteroffizier *Oberjäger*.
Sergeant	Sergeant	Sergeant	Gleich dem Unteroffizier stand der Sergeant einer Korporalschaft vor.
Unteroffiziere mit Portepee			
Vizefeldwebel/ Vice-Feldwebel	Vizewachtmeister/ Vice-Wachtmeister	Vizewachtmeister/ Vice-Wachtmeister	Der Rang wurde 1873 im gesamten Heer eingeführt. In Kompanien mit nicht mehr als zwei Offizieren fungierten Vizefeldwebel als Zugführer – eine Dienststellung, die allgemein einem Leutnant oder Oberleutnant oblag. Die Anrede seitens dienstgradniederer Soldaten war stets *Feldwebel* bzw. *Wachtmeister*.
etatmäßiger Feldwebel	etatmäßiger Wachtmeister	etatmäßiger Wachtmeister	Höchster Unteroffiziersrang. Der etatmäßige Feldwebel/Wachtmeister war mit den inneren Dienst und Verwaltungsaufgaben betraut („Spieß" / „Mutter der Kompanie") und arbeitete eng mit dem Kompanie- bzw. Batteriechef zusammen.
Offizierstellvertreter	Offizierstellvertreter	Offizierstellvertreter	Die Dienststellung wurde 1887 geschaffen. Dazu konnten aktive Vizefeldwebel und Feldwebel nach mindestens vier Jahren tadelsfreier Führung ernannt werden. Im Ersten Weltkrieg wurden zwei Planstellen pro Kompanie eingerichtet. Nach dem Kriegsende oder bei einer Entlassung war die Rückstufung in den alten Dienstgrad vorgesehen. Anrede war stets „Vizefeldwebel" (Ausnahme siehe oben) oder „Feldwebel".
Fähnrich	Fähnrich	Fähnrich	Offiziersanwärter im Unteroffiziersrang.

			Subalternoffiziere
Feldwebelleutnant	Feldwebelleutnant	Feldwebelleutnant	Seit 1877 der unterste Offiziersdienstgrad. Der Feldwebelleutnant hatte zwar den Rang eines Leutnants inne, rangierte jedoch stets hinter dem Inhaber des „wirklichen" Dienstgrads, da er kein Offizierspatent besaß. Zwitterstellung zwischen Unteroffizier und Offizier. Zur Beförderung vorgesehen waren die Unteroffiziere des Beurlaubtenstandes (Reserve), nicht aber die „aktiven" (d. h. die Berufs-)Unteroffiziere, die – allerdings nur im Kriegsfall – zu regulären Offizieren aufsteigen konnten.
Leutnant / Secondelieutenant	Leutnant / Secondelieutenant	Leutnant / Feuerwerksleutnant	Zugführer, Kontrolle des praktischen Dienstes und der Unteroffiziere.
Oberleutnant / Premierlieutenant	Oberleutnant / Premierlieutenant	Oberleutnant / Feuerwerksoberleutnant	Stellvertreter des Hauptmanns, Zugführer, Kontrolle des praktischen Dienstes und der Unteroffiziere.
			Hauptleute und Rittmeister
Hauptmann / Kapitän	Rittmeister	Hauptmann / Kapitän	Kompaniechef bzw. Batteriechef
			Stabsoffiziere
Major	Major	Major	Bataillonskommandeur
Oberstleutnant	Oberstleutnant	Oberstleutnant	Vertreter des Regimentskommandeurs
Oberst	Oberst	Oberst	Kommandeur eines Regiments
			Generäle
Generalmajor	Generalmajor	Generalmajor	Führer eines aus drei bis sechs taktischen Einheiten bestehenden Verbandes, Brigadekommandeur.
Generalleutnant	Generalleutnant	Generalleutnant	Kommandeur eines Flügels bzw. einer Division, mit Anspruch auf die Anrede „Exzellenz".
General der Infanterie	General der Kavallerie	General der Artillerie	Befehlshaber eines Treffens (Teil einer in Schlachtordnung aufgestellten Armee, normalerweise zwei Treffen in einer Schlacht) bzw. Kommandierender General eines Armeekorps (größter militärischer Verband in Friedenszeiten). Mit Anspruch auf die Anrede „Exzellenz".
Generaloberst	Generaloberst	Generaloberst	Seit 1854, Generaloberst war die Bezeichnung des höchsten regulär erreichbaren Generalsranges in der preußischen Armee. Oberbefehlshaber einer Armee (im Krieg) bzw. Inspekteur einer Armee-Inspektion (im Frieden). Mit Anspruch auf die Anrede „Exzellenz".
Generaloberst (mit dem Rang als Generalfeldmarschall)	Generaloberst (mit dem Rang als Generalfeldmarschall)	Generaloberst (mit dem Rang als Generalfeldmarschall)	Seit 1911, Verleihung ehrenhalber. Ersetzte den bis dahin verliehenen Titel „charakterisierter Generalfeldmarschall". Mit Anspruch auf die Anrede „Exzellenz".
Generalfeldmarschall	Generalfeldmarschall	Generalfeldmarschall	Titel für besondere Verdienste, z. B. eine gewonnene Schlacht, eine erstürmte Festung oder einen erfolgreichen Feldzug. Mit Anspruch auf die Anrede „Exzellenz".

DIENSTGRADABZEICHEN
Mannschaften

Die Gefreiten trugen an jeder Kragenseite einen Auszeichnungsknopf, den sogenannten Gefreitenknopf. Die Obergefreiten trugen an jeder Kragenseite den größeren Auszeichnungsknopf der Feldwebel und Sergeanten außerdem die Säbeltroddel der Unteroffiziere.

Unteroffiziere ohne Portepee

Goldene oder silberne Tresse am Kragen und den Aufschlägen des Waffenrocks. Säbeltroddel oder Faustriemen mit einem in der Landesfarbe gemischten Quast.
Die Sergeanten trugen dazu einen großen Auszeichnungsknopf.

Unteroffiziere mit Portepee

Uniform wie Sergeanten. Feldwebel bzw. Wachtmeister und Vizefeldwebel bzw. Vizewachtmeister trugen dazu das Offizierseitengewehr (z. B. Degen, Säbel usw.) mit Portepee, Feldwebel bzw. Wachtmeister außerdem eine zweite Metalltresse über den Ärmelaufschlägen („Kolbenringe").

Offizierstellvertreter

Sie trugen die Abzeichen der Vizefeldwebel bzw. Vizewachtmeister mit dem Unterschnallkoppel der Offiziere und die Schulterklappen haben eine Tresseneinfassung in Knopffarbe.

Feldwebelleutnants

Trugen die Uniform der Vizefeldwebel bzw. Vizewachtmeister, dazu aber die Schulterstücke der Leutnante.

Leutnante und Oberleutnante

Trugen Schulterstücke (Achselstücke) aus mehreren nebeneinander liegenden silbernen Pattschnüren. Diese waren mit dünnen Fäden in den Landesfarben durchwirkt (Preußen: schwarz, Bayern: blau, Sachsen: grün, Württemberg: schwarz-rot, Hessen: rot, Mecklenburg: blau-gelb-rot usw.). Darauf aus Metall geprägt die Nummern oder Namenszüge, die auch die Mannschaften trugen. Leutnant ohne Stern, Oberleutnant ein goldener Stern unterhalb der Nummern/Namenszüge. Die Epaulettenfelder und die Unterlagen der Schulterstücke (Vorstöße) hatten in den meisten Fällen die Farbe der Schulterklappen der Mannschaften. Die Monde der Epauletten in Knopffarbe. Keine Fransen.

Hauptleute bzw. Rittmeister

Wie Oberleutnante, jedoch zwei Rangsterne. Einer oberhalb und einer unterhalb der Nummern/Namenszüge auf den Schulterstücken. Auf den Epauletten links und rechts davon.

Stabsoffiziere

Geflochtene silberne, mit Landesfarben durchzogene Schnüre. Major ohne Stern, Oberstleutnant ein goldener Stern unterhalb, Oberst je ein goldener Stern unter- und oberhalb der Nummern/Namenszüge. Auf den Epauletten jedoch links und rechts davon. Epauletts mit silbernen Fransen, sonst wie Leutnante und Hauptleute.

Kaiser Wilhelm 2 mit König von Italien Victor Emanuel 3 und dem Kronprinzen Friedrich August von Sachsen 1902

Generale

Am Kragen und den Aufschlägen eine Eichenlaubstickerei. Schulterstücke: Geflochtene goldene runde Schnüre mit einer silbernen Kantschnur dazwischen. Diese mit dünnen Fäden in den Landesfarben durchwirkt. Generalmajor ohne Stern, Generalleutnant ein Stern (mittig), General der Infanterie/Kavallerie/Artillerie zwei Sterne (übereinander), Generaloberst drei Sterne (unten zwei nebeneinander, oben einer), Generaloberst mit dem Rang als Generalfeldmarschall vier Sterne (jeweils zwei nebeneinander oben und unten) und der Generalfeldmarschall zwei gekreuzte Kommandostäbe (hochkant). Die Rangsterne und Kommandostäbe waren auf den Schulterstücken silbern und auf den Epauletts golden.

Epauletten: Die Rangsterne des Generals der Infanterie usw. lagen nebeneinander. Beim Generaloberst waren sie im Dreieck angeordnet. Beim Generaloberst mit dem Rang als Generalfeldmarschall waren sie trapezförmig verteilt. Die Kommandostäbe des Generalfeldmarschalls lagen quer auf dem Epaulettenfeld. Die Monde waren silbern, ebenso die Felder. Dicke steife silberne Kantillen (Fransen).

RANKS OF THE IMPERIAL GERMAN ARMY (ENGLISH)

The German Army from 1871 to 1914 inherited the various traditions and military ranks of its constituent states, thus becoming a truly federal armed service.

ENLISTED (MANNSCHAFTEN/GEMEINE) RANKS

- Musketeer (Musketier, Prussian army infantry regiments), Infantryman (Infanterist, Bavarian army infantry regiments), Soldier (Soldat, Saxon army infantry regiments), Gunner (Kanonier, foot artillery), Pioneer (Pionier, pioneer branch). Other unit-specific enlisted ranks were: Fusilier (Füsilier), Grenadier (Grenadier), Huntsman otherwise Light-Infantryman (Jäger), Dragoon (Dragoner), Hussar (Husar), Cuirassier (Kürassier), Uhlan (Ulan), Fusilier Guard (Garde-Füsilier), Grenadier Guard (Garde-Grenadier), etc.
- Lance Corporal (Gefreiter); up until 1918 the only rank (with exception of Obergefreiter in the foot artillery) to which an enlisted soldier could be promoted, the rank was a deputy rank to the Corporal (Unteroffizier) rank.
- Senior Lance Corporal (Obergefreiter); established in the Prussian Army from 1846 to 1853, reestablished in 1859, then in foot artillery only, replacing the artillery Bombardier rank that had been introduced in 1730.

Additionally, the following voluntary enlistees were distinguished:

- One-Year Volunteer Enlistee (Einjährig-Freiwilliger): despite the name, one-year volunteers were actually conscripts who served a short-term form of active military service, open for enlistees up to the age of 25. Such enlisted soldiers were usually high school graduates (Matura, Abitur), who would opt to serve a one-year term rather than the regular two or three-year conscription term, with free selection of their chosen military service branch and unit, but throughout were obligated to equip and subsist themselves at entirely their own cost. In today's monetary value, this could at bare minimum cost some 10,000 euro, which purposely reserved this path open to officer-material sons from mostly affluent social class families wishing to pursue the Reserve-Officer path; it was the specific intention of Wilhelm II that such Reserve-Officer career path should only be open to members of so-called "officer-material" social classes.[19] On absolving their primary recruit training and shorter military service term, those aspiring to become Reserve-Officers would have to qualify and achieve suitability for promotion to the Gefreiter rank and then would continue to receive further specialized instruction until the end of their one-year term, usually attaining and leaving as surplus Corporals (überzählige Unteroffiziere) (Reservists), with the opportunity to advance further as reservists. Enlistees who did not aspire to officer grade would leave at the end of their one-year term as Gemeine[20] (Ordinary soldier) enlisted rank (for example Musketier or Infanterist) and a six-year reserve duty obligation.[19] Eligibility for this specific one-year path of military service was a privilege approved upon examining the enlistee's suitability and academic qualifications.
- Long-Term Volunteer Enlistee "Capitulant" (Kapitulant): enlisted soldiers who had already absolved their regular two or three-year military conscription term and had now volunteered to continue serving for further terms, minimum was 4 years, generally up to 12 years.

Note: Einjährig-Freiwilliger and Kapitulant were not ranks as such during this specific period of use, but voluntary military enlistee designations. They, however, wore a specific uniform distinction (twisted wool piping along their shoulder epaulette edging for Einjährig-Freiwilliger, the Kapitulant a narrow band across their lower shoulder epaulette) in the colours of their respective nation state. This distinction was never removed throughout their military service nor during any rank grade advancements.

NON-COMMISSIONED OFFICERS / UNTEROFFIZIERE

Junior NCOs (NCOs without Sword Knot) / Unteroffizier ohne Portepee
- Corporal/Sub-Officer (Unteroffizier)
- Sergeant

Senior NCOs (NCOs with Sword Knot) / Unteroffizier mit Portepee

- Sergeant Major 2nd class (Infantry: Vice-Feldwebel, Cavalry and Artillery: Vizewachtmeister/Vice-Wachtmeister) – rank held by reserve officer candidates after they passed lieutenant's examination
- Sergeant-Major (Infantry: Feldwebel (i.e. Etatmäßiger Feldwebel: CSM officially listed on the regiment's payroll, i.e. Etat), Cavalry and Artillery: (Etatmäßiger) Wachtmeister)

Warrant Officers and Officer Cadets
- Cadet (Fahnenjunker, ranking between Sergeant and Vizefeldwebel) – served as cadets in the various military academies and schools.
- Ensign (Fähnrich, ranking between Vize-Feldwebel and Etatmäßiger Feldwebel)
- Deputy Officer (Offizierstellvertreter, ranking above Etatmäßiger Feldwebel)
- Acting Lieutenant (Feldwebelleutnant, ranking as youngest 2nd Lieutenant, but without officer's commission and still member of the NCO's Mess until 1917)

Officer corps
Critics long believed that the Army's officer corps was heavily dominated by Junker aristocrats, so that commoners were shunted into low-prestige branches, such as the heavy artillery or supply. However, by the 1890s, the top ranks were opened to highly talented commoners.

IX ARMEE-KORPS (PREUSSEN)

17. Division in Schwerin
18. Division in Flensburg
Lauenburgisches Jäger-Bataillon Nr. 9 in Ratzeburg
Lauenburgisches Fußartillerie-Regiment Nr. 20 in Altona (vorläufig in Itzehoe und Lockstedt)
Schleswig-Holsteinisches Pionier-Bataillon Nr. 9 in Harburg
Schleswig-Holsteinische Train-Abteilung Nr. 9 in Rendsburg

17 division

29. **Infanterie-Brigade** in Aachen
   Infanterie-Regiment „von Lützow" (1. Rheinisches) Nr. 25 in Aachen
   10. Rheinisches Infanterie-Regiment Nr. 161 in Düren, Eschweiler und Jülich
30. **Infanterie-Brigade** in Koblenz
   Infanterie-Regiment „von Goeben" (2. Rheinisches) Nr. 28 in Koblenz
   6. Rheinisches Infanterie-Regiment Nr. 68 – Erbgroßherzog-Friedrich-Kaserne in Koblenz
15. **Kavallerie-Brigade** in Köln
   Kürassier-Regiment „Graf Gessler" (Rheinisches) Nr. 8 in Deutz
   Husaren-Regiment „König Wilhelm I." (1. Rheinisches) Nr. 7 in Bonn
15. **Feldartillerie-Brigade** in Köln
   Bergisches Feldartillerie-Regiment Nr. 59 in Köln-Riehl
   3. Rheinisches Feldartillerie-Regiment Nr. 83
Landwehrinspektion Köln

18 division

31. **Infanterie-Brigade** in Trier
   Infanterie-Regiment „von Horn" (3. Rheinisches) Nr. 29 in Trier (Hornkaserne Trier-West/Pallien)
   7. Rheinisches Infanterie-Regiment Nr. 69 in Trier (Agneten-, Goeben-, Maximin- und Palastkaserne)
32. **Infanterie-Brigade** in Saarbrücken
   8. Rheinisches Infanterie-Regiment Nr. 70 in Saarbrücken
   10. Lothringisches Infanterie-Regiment Nr. 174 in Forbach und Straßburg
80. **Infanterie-Brigade** in Bonn
   5. Rheinisches Infanterie-Regiment Nr. 65 in Köln
   9. Rheinisches Infanterie-Regiment Nr. 160 in Bonn, Diez und Euskirchen
16. **Kavallerie-Brigade** in Trier
   Jäger-Regiment zu Pferde Nr. 7 in Trier (Jägerkaserne Trier-Nord)
   Jäger-Regiment zu Pferde Nr. 8 in Trier (Jägerkaserne Trier-West)
16. **Feldartillerie-Brigade** in Trier
   2. Rheinisches Feldartillerie-Regiment Nr. 23 (Fischel-Kaserne in Koblenz)
   Triersches Feldartillerie-Regiment Nr. 44 in Trier (Artillerie-Kaserne)

17.Division 33.Infanterie-Brigade Infanterie-Regiment Nr. 75

17.Division 34.Infanterie-Brigade Großherzoglich Mecklenburgisches Grenadier-Regiment Nr. 89 in Schwerin und Neustrelitz

17 Division 34 Infanterie-Brigade Großherzoglich Mecklenburgisches Grenadier-Regiment Nr. 89 in Schwerin und Neustrelitz (Sommer)

17.Division 34.Infanterie-Brigade Großherzoglich Mecklenburgisches Füsilier-Regiment „Kaiser Wilhelm" Nr. 90 in Rostock und Wismar

17. Division 81. Infanterie-Brigade Infanterie-Regiment „Lübeck" (3. Hanseatisches) Nr. 162 in Lübeck

17. Division 17. Kavallerie-Brigade 1. Mecklenburgisches Dragoner-Regiment Nr. 17

17.Division 17.Kavallerie-Brigade 2.Mecklenburgisches Dragoner-Regiment Nr.18

17. Division 17. Kavallerie-Brigade 12. Brandenburgisches Ulanen-Regiment Nr. 11

Holsteinisches Feldartillerie-Regiment Nr. 24 in Güstrow und Neustrelitz

Lauenburgisches Fußartillerie-Regiment Nr. 20 in Altona

18. Division 35. Infanterie-Brigade Füsilier-Regiment „Königin" (Schleswig-Holsteinisches) Nr. 86 in Flensburg und Sonderburg

18.Division 36.Infanterie-Brigade Infanterie-Regiment „Graf Bose" (1. Thüringisches) Nr. 31 in Altona

18. Division 18. Kavallerie-Brigade Husaren-Regiment „Königin Wilhelmina der Niederlande" (Hannoversches) Nr. 15 in Wandsbek

18 Division 18 Kavallerie-Brigade Husaren-Regiment „Kaiser Franz Josef von Österreich, König von Ungarn" Nr. 16 in Schleswig

Lauenburgisches Jäger-Bataillon Nr. 9 in Ratzeburg

Schleswig-Holsteinisches Pionier-Bataillon Nr. 9 in Harburg

Schleswig-Holsteinische Train-Abteilung Nr. 9 in Rendsburg

X ARMEE-KORPS (PREUSSEN)

19. Division in Hannover
20. Division in Hannover
Hannoversches Jäger-Bataillon Nr. 10 in Goslar
Hannoversches Pionier-Bataillon Nr. 10 in Minden
Telegraphen-Bataillon Nr. 6 in Hannover (vorläufig Truppenübungsplatz Munster)
Hannoversche Train-Abteilung Nr. 10 in Hannover

19 division

37. Infanterie-Brigade in Oldenburg
 Infanterie-Regiment „Herzog Friedrich Wilhelm von Braunschweig" (Ostfriesisches) Nr. 78 in Emden, Aurich und Osnabrück
 Oldenburgisches Infanterie-Regiment Nr. 91 in Oldenburg
38. Infanterie-Brigade in Hannover
 Füsilier-Regiment „General-Feldmarschall Prinz Albrecht von Preußen" (Hannoversches) Nr. 73 in Hannover
 1. Hannoversches Infanterie-Regiment Nr. 74 in Hannover
19. Kavallerie-Brigade in Hannover
 Oldenburgisches Dragoner-Regiment Nr. 19 in Oldenburg
 Königs-Ulanen-Regiment (1. Hannoversches) Nr. 13 in Hannover
19. Feldartillerie-Brigade in Oldenburg
 2. Hannoversches Feldartillerie-Regiment Nr. 26
 Ostfriesisches Feldartillerie-Regiment Nr. 62 in Oldenburg und Osnabrück

20 division

39. Infanterie-Brigade in Hannover
 Infanterie-Regiment „von Voigts-Rhetz" (3. Hannoversches) Nr. 79 in Hildesheim
 4. Hannoversches Infanterie-Regiment Nr. 164 in Hameln und Holzminden
40. Infanterie-Brigade in Hannover
 2. Hannoversches Infanterie-Regiment Nr. 77 in Celle
 Braunschweigisches Infanterie-Regiment Nr. 92 in Braunschweig
20. Kavallerie-Brigade in Hannover
 2. Hannoversches Dragoner-Regiment Nr. 16 in Lüneburg
 Braunschweigisches Husaren-Regiment Nr. 17 in Braunschweig
20. Feldartillerie-Brigade in Hannover
 Feldartillerie-Regiment „von Scharnhorst" (1. Hannoversches) Nr. 10
 Niedersächsisches Feldartillerie-Regiment Nr. 46 in Celle und Wolfenbüttel
Landwehrinspektion Hannover

19. Division 37. Infanterie-Brigade Oldenburgisches Infanterie-Regiment Nr. 91 in Oldenburg

19.Division. 38. Infanterie brigade Füsilier-Regiment „General-Feldmarschall Prinz Albrecht von Preußen" (Hannoversches) Nr. 73 in Hannover

19 Division 19 Kavallerie brigade Oldenburgisches Dragoner-Regiment Nr. 19 in Oldenburg

19.Division 19.Kavallerie brigade Königs-Ulanen-Regiment (1. Hannoversches) Nr. 13 in Hannover

19 Division 2. Hannoversches Feldartillerie-Regiment Nr. 26

Feldartillerie-Regiment „von Scharnhorst" (1. Hannoversches) Nr. 10

20-Division. 39. Infanterie brigade 4. Hannoversches Infanterie-Regiment Nr. 164 in Hameln und Holzminden

20-Division. 40. Infanterie brigade 2. Hannoversches Infanterie-Regiment Nr. 77 in Celle

20-Division. 40. Infanterie brigade Braunschweigisches Infanterie-Regiment Nr. 92 in Braunschweig

20.-Division. Feldartillerie-Regiment „von Scharnhorst" (1. Hannoversches) Nr. 10

20 Division 20 Kavallerie brigade 2. Hannoversches Dragoner-Regiment Nr. 16 in Lüneburg

20 Division 20 Kavallerie brigade Braunschweigisches Husaren-Regiment Nr. 17 in Braunschweig

Hannoversches Jäger-Bataillon Nr. 10 in Goslar

Hannoversches Pionier-Bataillon Nr. 10 in Minden

Hannoversche Train-Abteilung Nr. 10 in Hannover

XI ARMEE-KORPS (PREUSSEN)

22. Division in Kassel
38. Division in Erfurt
Kurhessisches Jäger-Bataillon Nr. 11 in Marburg
Thüringisches Fußartillerie-Regiment Nr. 18 in Niederzwehren (vorläufig Mainz und Schießplatz Wahn)
Kurhessisches Pionier-Bataillon Nr. 11 in Hannoversch-Münden
Kurhessische Train-Abteilung Nr. 11 in Kassel
Invalidenhaus in Carlshafen

22 division

43. Infanterie-Brigade in Kassel
  2. Kurhessisches Infanterie-Regiment Nr. 82 in Göttingen
  Infanterie-Regiment „von Wittich" (3. Kurhessisches) Nr. 83 in Kassel und Arolsen
44. Infanterie-Brigade in Kassel
  2. Thüringisches Infanterie-Regiment Nr. 32 in Meiningen
  1. Ober-Elsässisches Infanterie-Regiment Nr. 167 in Kassel und Mühlhausen in Thüringen
22. Kavallerie-Brigade in Kassel
  Dragoner-Regiment „Freiherr von Manteuffel" (Rheinisches) Nr. 5 in Hofgeismar
  Husaren-Regiment „Landgraf Friedrich II. von Hessen-Homburg" (2. Kurhessisches) Nr. 14
22. Feldartillerie-Brigade in Kassel
  1. Kurhessisches Feldartillerie-Regiment Nr. 11 in Kassel und Fritzlar
  2. Kurhessisches Feldartillerie-Regiment Nr. 47 in Fulda

38 division

76. Infanterie-Brigade in Erfurt
  3. Thüringisches Infanterie-Regiment Nr. 71 in Erfurt und Sondershausen
  6. Thüringisches Infanterie-Regiment Nr. 95 in Gotha, Coburg und Hildburghausen
83. Infanterie-Brigade in Erfurt
  Infanterie-Regiment „Großherzog von Sachsen" (5. Thüringisches) Nr. 94 in Weimar, Eisenach und Jena
  7. Thüringisches Infanterie-Regiment Nr. 96 in Gera und Rudolstadt
38. Kavallerie-Brigade in Erfurt
  Jäger-Regiment zu Pferde Nr. 2 in Langensalza
  Jäger-Regiment zu Pferde Nr. 6 in Erfurt
38. Feldartillerie-Brigade in Erfurt
  1. Thüringisches Feldartillerie-Regiment Nr. 19
  2. Thüringisches Feldartillerie-Regiment Nr. 55
Landwehrinspektion Erfurt

22.Division 43.Infanterie-Brigade 2.Kurhessisches Infanterie-Regiment Nr. 82 in Göttingen

22.Division 44.Infanterie-Brigade 2.Thüringisches Infanterie-Regiment Nr. 32 in Meiningen

22.Division 22.Kavallerie-Brigade Dragoner-Regiment „Freiherr von Manteuffel" (Rheinisches) Nr. 5 in Hofgeismar

22.Division 22.Kavallerie-Brigade Husaren-Regiment „Landgraf Friedrich II. von Hessen-Homburg" (2. Kurhessisches) Nr. 14

22.Division 1. Kurhessisches Feldartillerie-Regiment Nr. 11 in Kassel und Fritzlar

38. Division 76. Infanterie-Brigade 3. Thüringisches Infanterie-Regiment Nr. 71 in Erfurt und Sondershausen

38 Division 76 Infanterie-Brigade 6. Thüringisches Infanterie-Regiment Nr. 95 in Gotha, Coburg und Hildburghausen

38. Division 83. Infanterie-Brigade Infanterie-Regiment „Großherzog von Sachsen" (5. Thüringisches) Nr. 94 in Weimar, Eisenach und Jena

38. Division 83. Infanterie-Brigade 7. Thüringisches Infanterie-Regiment Nr. 96 in Gera und Rudolstadt

38.Division 1.Thüringisches Feldartillerie-Regiment Nr. 19

Kurhessisches Jäger-Bataillon Nr. 11 in Marburg

Kurhessisches Pionier-Bataillon Nr. 11 in Hannoversch-Münden

Kurhessische Train-Abteilung Nr. 11 in Kassel

XII ARMEE-KORPS (I. KÖNIGLICH SÄCHSISCHES)

23. Division (1. Königlich Sächsische) in Dresden
32. Division (3. Königlich Sächsische) in Bautzen
Königlich Sächsisches Fußartillerie-Regiment Nr. 12 in Dresden/Riesa
1. Königlich Sächsisches Jäger-Bataillon Nr. 12 in Freiberg
2. Königlich Sächsisches Jäger-Bataillon Nr. 13 in Dresden
1. (Königlich Sächsisches) Pionier-Bataillon Nr. 12 in Pirna
1. Königlich Sächsisches Train-Bataillon Nr. 12 in Dresden
Königlich Sächsisches Telegraphen-Bataillon Nr. 7 in Dresden

23 division

45. Infanterie-Brigade (1. Königlich Sächsische) in Dresden
  1. Königlich Sächsisches Leib-Grenadier-Regiment Nr. 100 in Dresden
  Grenadier-Regiment „Kaiser Wilhelm, König von Preußen" (2. Königlich Sächsisches) Nr. 101 in Dresden
46. Infanterie-Brigade (2. Königlich Sächsische) in Dresden
  Schützen-Füsilier-Regiment „Prinz Georg" (Königlich Sächsisches) Nr. 108 in Dresden
  16. Königlich Sächsisches Infanterie-Regiment Nr. 182 in Freiberg und Königsbrück
  1. Königlich Sächsisches Jäger-Bataillon Nr. 12 in Freiberg
23. Kavallerie-Brigade (1. Königlich Sächsische) in Dresden
  Garde-Reiter-Regiment (1. Schweres Regiment) in Dresden
  Ulanen-Regiment „Kaiser Franz Josef von Österreich, König von Ungarn" (1. Königlich Sächsisches) Nr. 17 in Oschatz
23. Feldartillerie-Brigade (1. Königlich Sächsische) in Dresden
  1. Königlich Sächsisches Feldartillerie-Regiment Nr. 12 in Dresden und Königsbrück
  4. Königlich Sächsisches Feldartillerie-Regiment Nr. 48 in Dresden

32 division

5. Infanterie-Brigade Nr. 63 in Bautzen
  3. Infanterie-Regiment Nr. 102 in Zittau
  5. Infanterie-Regiment Nr. 103 in Bautzen
6. Infanterie-Brigade Nr. 64 in Dresden
  12. Infanterie-Regiment Nr. 177 in Dresden
  13. Infanterie-Regiment Nr. 178 in Kamenz
  2. Jäger-Bataillon Nr. 13
3. Kavallerie-Brigade Nr. 32 in Dresden
  1. Husaren-Regiment „König Albert" Nr. 18 in Großenhain
  3. Husaren-Regiment Nr. 20 in Bautzen
3. Feldartillerie-Brigade Nr. 32 in Bautzen
  2. Feldartillerie-Regiment Nr. 28
  5. Feldartillerie-Regiment Nr. 64 in Pirna

23.Division 45.Infanterie-Brigade 1.(Leib-)Grenadier-Regiment Nr. 100 (Stammregiment des 1. Königlich Sächsischen Leib-Grenadier-Regiments Nr. 100)

23.Division 45.Infanterie-Brigade 2.Grenadierregiment Nr. 101 (Stammregiment des Grenadier-Regiments „Kaiser Wilhelm, König von Preußen" (2. Königlich Sächsisches) Nr. 101)

23.Division 46.Infanterie-Brigade 3. Infanterieregiment "Kronprinz" Nr. 102 (Stammregiment des Infanterie-Regiments "König Ludwig III. von Bayern" (3. Königlich Sächsisches) Nr. 102)

Königlich Sächsisches Fußartillerie-Regiment Nr. 12 in Dresden/Riesa

23.Division 23.Kavallerie-Brigade Königlich Sächsische Garde-Reiter-Regiment (Stammregiment des Garde-Reiter-Regiments (1. Schweres Regiment)

23. Division 23. Kavallerie-Brigade 1. Königlich Sächsisches Reiter-Regiment „Kronprinz" (Stammregiment des 1. Königlich Sächsisches Husaren-Regiments „König Albert" Nr. 18)

23. Division 23. Kavallerie-Brigade 1. Königlich Sächsisches Ulanen-Regiment Nr. 17 (Stammregiment des Ulanen-Regiments „Kaiser Franz Josef von Österreich, König von Ungarn" (1. Königlich Sächsisches) Nr. 17 in Oschatz)

23.Division 46.Infanterie-Brigade Schützen-Füsilier-Regiment „Prinz Georg" (Königlich Sächsisches) Nr. 108 in Dresden

23.Division 46.Infanterie-Brigade 1. Königlich Sächsisches Jäger-Bataillon Nr. 12 in Freiberg

23.Division 1. Königlich Sächsisches Feldartillerie-Regiment Nr. 12 in Dresden und Königsbrück

32 Division 32 Kavallerie-Brigade 2. Königlich Sächsisches Husaren Regiment nr. 19

32 Division 32 Kavallerie-Brigade Karabiner-Regiment in Dresden

32.Division 32.Kavallerie-Brigade 2.Ulanen-Regiment Nr. 18

1. (Königlich Sächsisches) Pionier-Bataillon Nr. 12 in Pirna

32.Division 2.Feldartillerie-Regiment Nr. 28

XIII ARMEE-KORPS (KÖNIGLICH WÜRTTEMBERGISCHES)

26. Division (1. Königlich Württembergische) in Stuttgart
27. Division (2. Königlich Württembergische) in Ulm
    ferner:
Württembergisches Pionier-Bataillon Nr. 13 in Ulm
Württembergisches Train-Bataillon Nr. 13 in Ludwigsburg

26 division

51. Infanterie-Brigade (1. Königlich Württembergische) in Stuttgart
   Grenadier-Regiment „Königin Olga" (1. Württembergisches) Nr. 119 in Stuttgart
   Infanterie-Regiment „Kaiser Friedrich, König von Preußen" (7. Württembergisches) Nr. 125 in Stuttgart
52. Infanterie-Brigade (2. Königlich Württembergische) in Ludwigsburg
   Infanterie-Regiment „Alt-Württemberg" (3. Württembergisches) Nr. 121 in Ludwigsburg
   Füsilier-Regiment „Kaiser Franz Josef von Österreich, König von Ungarn" (4. Württembergisches) Nr. 122 in Heilbronn und Mergentheim (II. Bataillon)
26. Kavallerie-Brigade (1. Königlich Württembergische) in Stuttgart
   Dragoner-Regiment „Königin Olga" (1. Württembergisches) Nr. 25 in Ludwigsburg
   Dragoner-Regiment „König" (2. württembergisches) Nr. 26 in Cannstatt
26. Feldartillerie-Brigade (1. Königlich Württembergische) in Ludwigsburg
   2 Württembergisches Feldartillerie-Regiment Nr. 29 Prinzregent Luitpold von Bayern in Ludwigsburg
   4. Württembergisches Feldartillerie-Regiment Nr. 65 in Ludwigsburg

27 division

53. Infanterie-Brigade (3. Königlich Württembergische) in Ulm
   Grenadier-Regiment „König Karl" (5. Württembergisches) Nr. 123 in Ulm
   Infanterie-Regiment „König Wilhelm I." (6. Württembergisches) Nr. 124 in Weingarten
54. Infanterie-Brigade (4. Königlich Württembergische) in Ulm
   Infanterie-Regiment „Kaiser Wilhelm, König von Preußen" (2. Württembergisches) Nr. 120 in Ulm
   9. Württembergisches Infanterie-Regiment Nr. 127 in Ulm und Wiblingen
   10. Württembergisches Infanterie-Regiment Nr. 180 in Tübingen und Gmünd
27. Kavallerie-Brigade (2. Königlich Württembergische) in Ulm
   Ulanen-Regiment „König Karl" (1. Württembergisches) Nr. 19 in Ulm und Wiblingen
   Ulanen-Regiment „König Wilhelm I." (2. Württembergisches) Nr. 20 in Ludwigsburg
27. Feldartilleriebrigade (2. Königlich Württembergische) in Ulm
   Feldartillerie-Regiment „König Karl" (1. Württembergisches) Nr. 13 in Ulm und Cannstatt
   3. Württembergisches Feldartillerie-Regiment Nr. 49 in Ulm
Württembergisches Pionier-Bataillon Nr. 13 in Ulm
Württembergische Train-Abteilung Nr. 13

26.Division 51.Infanterie-Brigade Grenadier-Regiment „Königin Olga" (1. Württembergisches) Nr. 119 in Stuttgart

26.Division 51.Infanterie-Brigade Infanterie-Regiment „Kaiser Friedrich, König von Preußen" (7. Württembergisches) Nr. 125 in Stuttgart

26.Division 5.Infanterie-Brigade Infanterie-Regiment „Alt-Württemberg" (3. Württembergisches) Nr. 121 in Ludwigsburg

26. Division 2. Württembergisches Feldartillerie-Regiment Nr. 29 Prinzregent Luitpold von Bayern in Ludwigsburg

26. Division 26. Kavallerie-Brigade Dragoner-Regiment „Königin Olga" (1. Württembergisches) Nr. 25 in Ludwigsburg

26 Division 26 Kavallerie-Brigade   Dragoner-Regiment „König" (2. württembergisches) Nr. 26 in Cannstatt

27.Division 53.Infanterie Brigade Infanterie-Regiment „König Wilhelm I." (6. Württembergisches) Nr. 124 in Weingarten

27. Division 54. Infanterie Brigade Infanterie-Regiment „Kaiser Wilhelm, König von Preußen" (2. Württembergisches) Nr. 120 in Ulm

27. Division 54. Infanterie Brigade Württembergisches Infanterie-Regiment Nr. 180 in Tübingen und Gmünd

27.Division 53.Infanterie Brigade Grenadier-Regiment „König Karl" (5. Württembergisches) Nr. 123 in Ulm

27.Division 27.Kavallerie-Brigade Ulanen-Regiment „König Karl" (1. Württembergisches) Nr. 19 in Ulm und Wiblingen

27. Division 27. Kavallerie-Brigade Ulanen-Regiment „König Wilhelm I." (2. Württembergisches) Nr. 20 in Ludwigsburg

27. Division Feldartillerie-Regiment „König Karl" (1. Württembergisches) Nr. 13 in Ulm und Cannstatt

Württembergisches Pionier-Bataillon Nr. 13 in Ulm

Württembergisches Pionier-Bataillon Nr. 13 in Ulm

Württembergisches Pionier-Bataillon Nr. 13 in Ulm luftsh

Württembergisches Train-Bataillon Nr. 13 in Ludwigsburg

TITOLI PUBBLICATI - ALREADY PUBLISHING

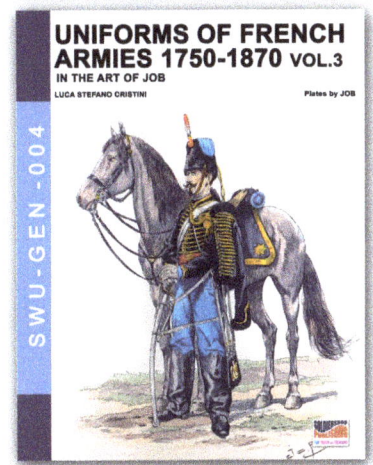

www.ingramcontent.com/pod-product-compliance
Lightning Source LLC
LaVergne TN
LVHW070527070526
838199LV00073B/6722